APPROBATION.

J'ai lu, par ordre de Monseigneur le Garde des Sceaux, un manuscrit intitulé, *Oraison funebre de Monseigneur l'Évêque d'Orléans, prononcée dans l'Église Royale de S. Aignan, par M. l'Abbé Rozier, Chanoine de cette Église.* L'éloquence douce qui regne dans ce discours m'a paru peindre au naturel le Prélat aimable & vertueux que nous regrettons. A Orléans, ce 6 Juin 1789.

L'Abbé GENTY, Censeur-Royal.

ORAISON
FUNEBRE
DE MONSEIGNEUR
LOUIS-SEXTIUS
DE JARENTE DE LA BRUYERE,
ÉVÊQUE D'ORLÉANS,
COMMANDEUR DE L'ORDRE DU S. ESPRIT,

Prononcée dans l'Eglise Royale de S. Aignan d'Orléans, le 28 Mai 1789, en présence des Compagnies assemblées.

Par M^re· FRANÇOIS-BENOIST ROZIER, Prêtre, Chanoine de ladite Eglise.

A ORLÉANS,

De l'Imprimerie de JACOB l'Aîné, Imprimeur du Bailliage & Siege Présidial d'Orléans.

____

Avec Permission de M. le Lieutenant-Général de Police.

ORAISON
FUNEBRE
DE MONSEIGNEUR
LOUIS-SEXTIUS
DE JARENTE DE LA BRUYERE,
ÉVÈQUE D'ORLÉANS.

Beati mites, quoniam ipſi poſſidebunt terram ; beati qui lugent, quoniam ipſi conſolabuntur. Heureux ceux qui ſont doux, parce qu'ils poſſéderont le cœur de tous les habitans de la terre ; heureux ceux qui pleurent, parce qu'ils ſeront conſolés. *De l'Evangile de Saint Matthieu,* chap. v. ℣. 4 & 5.

MONSEIGNEUR (*),

CETTE pompe lugubre vous rappelle, hélas! Meſſieurs, le jour qui ſera à jamais marqué dans vos faſtes, le jour où vous avez rendu

___

(*) Monſeigneur Louis-François-Alexandre de Jarente d'Orgeval, évêque d'Orléans.

A

(2)

les derniers devoirs au pontife vénérable que
vous poffédiez depuis tant d'années. Quel fou-
venir attendriffant, & que ce fpectacle faifoit
bien l'éloge, & traçoit en caractères bien fenfibles
le portrait véritable de l'illuftre défunt que vous
regrettez ! Que votre douleur étoit profonde!
Ah ! qu'on voyoit bien que c'étoit un pere, un
pere tendre, que des enfans éplorés conduifoient
triftement à la fombre région des morts ! Un
nouveau Jofeph préfidoit le cortege funebre de
ce nouveau Jacob ; Jofeph, l'objet privilégié
des prédilections de Jacob : les témoins qu'avoit
attirés cette augufte cérémonie , s'écrioient
comme autrefois les habitans de Chanaan : ce
deuil eft un deuil univerfel pour l'Egypte :
quod cùm vidiffent habitatores terræ Chanaan,
dixerunt, planctus magnus ifte eft Ægyptiis ;
ou plutôt, (puis-je faire une application plus
heureufe des paroles de Saint Ambroife dans
l'éloge de Valentinien ?) ou plutôt, citoyens
de cette ville, & étrangers , tous pleuroient ,
tous pleuroient la perte d'un pere commun :
en déplorant une perte commune , tous fem-
bloient déplorer encore une perte perfonnelle:
flent omnes, flent & ignoti.... omnes tanquàm
parentem publicum obiiffe domeftico fletu doloris
illacrymant, fuaque omnes funera dolent : c'étoit

donc là le dernier témoignage public & général d'attachement, de respect, d'amour, de vénération que devoit donner tout un peuple reconnoissant à un pasteur, à un pontife qu'il chérissoit, qu'il adoroit pendant sa vie? C'étoit-là en quelque sorte la derniere récompense publique & générale, que sa douceur, sa bonté devoit mériter, procurer à sa personne (*) : une rivalité touchante de regrets sinceres & uniformes avoit suspendu les prétentions, avoit réuni tous les corps, avoit, pour ainsi dire, confondu tous les ordres ; & même après sa mort, le plus aimable, le plus doux des hommes triomphoit encore de la jalousie des rangs qui divise, en les rapprochant tous ensemble auprès de son tombeau : une douleur vraie, une douleur générale, inspirée par le souvenir tendre de sa bonté, de sa douceur, absorboit, étouffoit tous les autres sentimens.

Une compagnie qui le respectoit comme son

____

(*) Le chapitre royal de Saint-Aignan d'Orléans, & l'université d'Orléans aimerent mieux consentir à suspendre l'exercice ou la poursuite de leurs droits ou prétentions pour le rang qu'ils avoient à tenir, que de se priver de la douce consolation d'assister avec tous les corps aux obseques du Prélat défunt.

pasteur (*), & qui s'honoroit en même-tems de le compter parmi ses membres, me charge aujourd'hui, Messieurs, de lui payer en son nom un tribut d'hommage particulier: elle veut que je sois l'interprète de sa douleur & de sa tendresse; & vous tous, citoyens distingués de tous les ordres & de tous les états, vous venez donc aussi mêler vos larmes avec les nôtres ! Consolons-nous les uns les autres en rappellant, en préconisant dans ce discours les qualités charmantes qui nous rendirent notre évêque si cher : c'est l'éloge même de la bonté, de la douceur que je vais tracer ; ce sont les triomphes de la bonté, de la douceur que je vais décrire. Quelle diversité de situations partagea la longue vie de celui que nous pleurons! mais dans ses situations diverses, dans les événemens divers de sa longue carriere, sa bonté, sa douceur brillerent toujours d'un éclat égal : la bonté, la douceur de son caractere préparerent, embellirent ses jours sereins ; la bonté, la douceur de son caractere consolerent, adoucirent ses revers : parce qu'il fut bon, parce

----

(*) L'Evêque d'Orléans est chanoine né du chapitre royal de Saint-Aignan d'Orléans.

(5)

qu'il fut le plus doux des hommes , il gagna , il posséda tous les cœurs , il mérita , il obtint tous les honneurs : *beati mites , quoniam ipsi possidebunt terram :* parce qu'il fut bon , parce qu'il fut le plus doux des hommes , il mérita au milieu des tribulations , malgré la longueur des épreuves , il mérita de goûter , il goûta en effet les consolations les plus vraies , les consolations les plus durables : *beati qui lugent , quoniam ipsi consolabuntur.* Tel est l'éloge , (éloge sans doute le plus précieux & le plus flatteur au jugement des ames sensibles) tel est l'éloge que nous consacrons en ce jour à la mémoire d'illustrissime & révérendissime Seigneur *LOUIS SEXTIUS DE JARENTÉ DE LA BRUYERE* , évêque d'Orléans , commandeur de l'ordre du Saint-Esprit.

PREMIERE PARTIE.

MONSEIGNEUR,

SI je voulois commencer, Messieurs, l'éloge de l'évêque d'Orléans par l'éloge même de sa naissance , je pourrois remonter jusqu'au onzieme siécle , cette époque , la premiere authentique peut-être des plus grandes maisons du royaume : vous verriez (1) dès-lors la maifon de *Jarente* briller à la cour des comtes fouverains de la Provence, tenir un rang diflingué parmi les tribus les plus qualifiées, donner des héros à la plus ancienne de nos croifades ; vous la verriez de fiécle en fiécle mêler fon fang à celui des familles les plus célébres, parcourir avec fuccès toutes les carrieres, préfider la magiftrature des cours fouveraines, éclairer, édifier le fanctuaire, & toujours, fans interruption jufqu'à nos jours, peupler, embellir ces ordres militaires qui vengent la religion, qui défendent la patrie, qui perpétuent, confervent fans mélange la nobleffe des premiers temps : vous la verriez toujours plus recommandable par fes mérites que par fes titres, par fa bienfaifance que par fon fafte, par fes fervices que par fes prétentions, par fa modeftie que par fa qualité, plaire également à Dieu & aux hommes, captiver tous les fuffrages, accomplir tous les devoirs : de quelque côté que l'évêque d'Orléans voulut donc porter fes regards dans les faftes de fon illuftre famille, fon premier bonheur fut de n'y trouver que des vertus à admirer, & des exemples à imiter.

Quels modeles parfaits lui offrirent fur-tout les parens dont la providence l'avoit fait naître ? Un pere d'une probité intégre (*), d'une foi antique, de mœurs pures, d'un commerce enchanteur, d'un efprit droit, décoré de tous les honneurs dans fa patrie, plus jaloux encore de les mériter que de les obtenir : Une mere (**), cette femme forte de nos livres faints, qui joignoit aux vertus agréables les vertus folides, les qualités aux talens, l'efprit à la piété, à la fenfibilité le courage, qu'on refpectoit, qu'on aimoit, dont la modeftie charmoit les hommes, & faifoit taire la rivalité de fon fexe ; une femme que fes enfans appelloient bienheureufe, *furrexerunt filii ejus*, & *beatiſſimam prædicaverunt*, que fon époux combloit de louanges, *vir ejus* & *laudavit eam*, à qui fes actions, à qui fa conduite méritoit des éloges dans toutes les affemblées publiques, & *laudent eam in portis opera ejus :* Ah ! que, formé par des mains fi habiles, on le vit bientôt faire l'apprentiffage heureux de toutes les vertus ! Déja, dès fes an-

---

(*) Il fut conful d'Aix en 1706, & fyndic de la nobleffe en 1719.

(**) Cette Dame refpectable étoit elle-même de la maifon de Jarente.

nées les plus tendres ; (la tradition en a conservé le souvenir délicieux) dès ses années les plus tendres , déja se pressoit pour ainsi dire, d'éclore ce fond d'amabilité séduisante, cette tournure de gaieté naïve & spirituelle , cette bonté touchante , cette douceur de caractere qui devoit un jour gagner , captiver tous les cœurs ; déja même , au milieu des jeunes compagnons de ses études & de ses loisirs ; déja il jouissoit de cet empire que le cœur obtient , qu'il ne demande pas ; que l'orgueil exige , qu'on lui refuse ; de cet empire toujours flatteur , parce que c'est le cœur qui le donne , c'est au cœur qu'on le donne ; de cet empire parmi des égaux , qui ne s'accorde qu'au mérite , au mérite seul de la bonté , de la douceur qui triomphe de tout.

A peine sorti de cet âge intéressant par sa candeur , le ciel l'appelle à un état parfait ; la grace le conduit dans la solitude pour parler de plus près à son cœur : qu'il se rappellera un jour avec succès les maximes solides sur le néant des grandeurs d'ici-bas qu'il y puise aujourd'hui à longs traits dans la méditation sainte *des jours anciens , & des années éternelles !* Ah ! que dans le silence d'une autre solitude commandée par les longues souffrances qui doivent

terminer fa carriere, il fera utile à cette ame
vraie, franche, que le féjour de la cour put
éblouir quelques momens, mais dont jamais,
vous le favez, ô mon Dieu, dont il n'altéra
jamais, dont jamais il ne put affoiblir l'inté-
grité, la vivacité de la foi, qu'il lui fera utile
un jour dans l'ordre du falut de pouvoir com-
parer les bruyantes joies du monde avec les plaifirs
tranquilles de la vertu, l'infuffifance, le vuide
qu'il a éprouvé au milieu des unes, avec la fa-
tisfaction douce, avec les confolations pures
qu'il avoit goûtées autrefois au milieu des autres!
Ce contrafte frappant décidera, fixera fon choix
pour toujours, & la retraite édifiante des dernieres années ne fera que perfectionner, couronner l'ouvrage de la fainteté, déja commencé,
ébauché dans la folitude fervente des premieres ; mais n'anticipons pas les momens :
Louis-Sextius de Jarente méprifoit, fuyoit les
honneurs ; les honneurs femblent voler au-de-
vant de lui, malgré lui : il vouloit vivre loin
de l'embarras du fiécle, loin du tourbillon du
monde : il eft rejetté tout-à-coup au milieu des
hommes qu'il a quittés ; des circonftances nouvelles le placent fur la route des grandeurs
qu'il a dédaignées : fa piété, fa douceur le font
connoître, lui méritent la confiance d'un pontife

respectable , l'ornement de son siécle. Vous me prévenez , Messieurs , vous nommez Belsunce ; & quel nom dans les fastes de l'église gallicane ! Ce nom rappelle tous les sacrifices de l'héroïsme , toutes les qualités , toutes les vertus ; les qualités de l'homme aimable , les vertus du saint évêque : ce nom réveille tous les sentimens de l'admiration ; le souvenir de ce nom & du saint évêque qui le porta , & du courage intrépide qui signala sur-tout les premieres années de son épiscopat , honore la religion & la venge , & du mondain qui la calomnie , & de l'incrédule qui la blasphême. Charles Borromée , vous avez donc reparu parmi nous ; on a donc vu encore dans ce siécle , la lie des siécles , les prodiges de la charité pastorale que vous fîtes briller dans le vôtre. Une peste affreuse ravageoit la Provence. Marseille n'oubliera jamais le spectacle sublime , atendrissant que tu lui donnas , ô Belsunce ! Pasteur généreux , tu bravas cent fois la mort pour lui arracher tes ouailles éplorées , pour les consoler , les soulager au milieu des maux terribles qu'elles éprouvoient , pour sauver au moins les ames , si les corps périssoient victimes hideuses de la contagion qui les frappoit.

Messieurs , voilà le maître tout brillant encore

de la gloire de fon dévouement paftoral ; voilà le guide fûr & éclairé qui conduit les premiers pas de *Louis-Sextius de Jarente* dans la carriere difficile du miniftere ; c'eft fous les ordres, c'eft fous les yeux d'un évêque digne des premiers fiécles ; c'eft en agiffant en fon nom ; c'eft en fe formant fur fes exemples, qu'il prélude aux fonctions redoutables de l'épifcopat qu'il doit exercer bientôt. Quelle douceur, quelle bonté accompagne toutes fes démarches ! quelle douceur, quelle bonté affaifonne l'ufage qu'il fait du pouvoir facré dont il eft déja dépofitaire ! Dans *Louis-Sextius de Jarente*, tous les lévites trouvent un pere, la follicitude, la tendreffe, & les fentiments d'un pere : loin de lui, dans le pofte éminent où il eft placé pour veiller fur Ifraël, fur la tribu fainte, loin de lui ces airs de dédain & de fierté qui choquent l'amour-propre en affichant le mépris ; ce ton févere, ces manieres froides qui infpirent la crainte & repouffent la confiance, ces caprices, ces inégalités de l'humeur qui rendent l'autorité odieufe, & qui la dégradent : il accueille avec affabilité, il parle à chacun avec intérêt, il loue avec affection, il reprend fans aigreur, il encourage avec bonté, il inftruit avec douceur, il traite fur-tout avec une confidération refpectueufe ces pasteurs vénérables par l'ancienneté, l'importance, la continuité de leurs services, ces coopérateurs utiles de l'épiscopat, qui *portent constamment le poids de la chaleur & du jour,* qui partagent entr'eux, comme successeurs des disciples, la conduite du troupeau fidéle confié tout entier aux évêques successeurs des apôtres.

Trop souvent; (pourquoi craindrois-je de le dire dans un diocese où l'honnêteté, la modération caractérisent en quelque sorte l'exercice de tous les pouvoirs?) trop souvent les ministres de l'autorité épiscopale affectent dans les détails du gouvernement de l'église une domination, une hauteur que les chefs rougiroient de s'arroger eux-mêmes : trop souvent enivrés de la faveur, ou fiers de la noblesse de leur origine, ils regardent le sanctuaire comme l'arêne d'une ambition profane; ils oublient que le sacerdoce du christianisme est celui de Melchisedech, qui ne connoît plus d'ancêtres selon la chair; trop souvent ils oublient encore que la loi de l'évangile est une loi d'amour, que l'autorité de ses chefs est une autorité fondée toute entiere sur la charité, qu'elle gouverne par la persuasion, & non par la force : *non coactè, sed spontaneè;* non selon les maximes mondaines, mais selon celles de Dieu, *secundùm Deum;* non par conféquent avec empire & avec orgueil, mais par l'attrait de l'exemple, par l'image puiſſante des vertus perſonnelles, *neque ut dominantes in cleris, ſed forma facti gregis ex animo.*

Louis-Sextius de Jarente ne reſte pas long-tems ſur les premieres marches du trône épiſcopal : il y monte lui-même : ſes vertus, non la brigue ; la réputation de ſa douceur, non l'intrigue & la cabale ; ſon mérite déja éprouvé, non ſa naiſſance & ſa qualité déterminent en ſa faveur le choix du (*) pontife auſtere qui préſentoit alors les premiers paſteurs de nos égliſes. Trop heureuſe ville de Digne, vous allez poſſéder un évêque qui retracera chez vous les tems apoſtoliques : tranſportez-vous en eſprit, Meſſieurs, dans une de ces villes que leur médiocrité même, leur éloignement ſur-tout de la capitale défend ſi heureuſement, a du moins défendues ſi long-tems de la licence contagieuſe qui répand aujourd'hui preſque par-tout ſes ravages : repréſentez-vous un peuple ſimple, franc, loyal, qui ignore & nos richeſſes & nos beſoins, & nos plaiſirs & nos ennuis, &

(*) M. Boyer, ancien évêque de Mirepoix, & qui avoit été précepteur de Monſeigneur le Dauphin, pere de Louis XVI.

notre faſte & notre miſere, & nos talens & leurs abus, & nos paſſions & leurs intrigues, & nos déſordres & leurs ſcandales, qui croie à la vertu, & qui la pratique, qui honore la religion, qui reſpecte les mœurs ; tel eſt le peuple dont l'abbé de *Jarente* vient d'être établi le paſteur : plein du ſouvenir des vertus du prélat qui l'avoit formé, & des ſentimens de ferveur que lui a inſpirés à lui-même l'auguſte cérémonie de ſon dévouement au ſervice de l'égliſe ; vivement pénétré des obligations qu'il a contractées, ſaintement jaloux d'être l'imitateur, le rival du pontife aimable (*), ſon parent chéri, le François de Sales de nos jours, qui a reçu ſes ſermens à la face des autels, qui a ouvert devant lui la barriere, & dirigé ſur un ſol étranger ſes premiers eſſais (**) ; je le vois s'élancer dans la carriere de l'apoſtolat : nommez-moi une ſeule fonction de l'épiſcopat qu'il ne rempliſſe pas avec zèle : conſécration des miniſtres du

* * *

(*) Gabriel-François d'Orléans de la Motte, évêque d'Amiens.

(**) M. l'évêque d'Amiens emmena dans ſon dioceſe M. l'évêque de Digne, auſſi-tôt après ſa conſécration, pour lui apprendre en quelque ſorte & lui faire remplir ſous ſes yeux les différentes fonctions de l'épiſcopat.

Seigneur, visites pastorales entreprises chaque
année, & toujours faites avec succès, synodes
régulierement assemblés, & qu'il préside; instruc-
tions familieres dans la ville & dans les campagnes, attention scrupuleuse à administrer
par-tout ce sacrement utile qui confirme dans
la foi hélas! si affoiblie dans ces derniers temps;
vigilance continuelle, éclairée sur les ouailles,
& sur les pasteurs, son gouvernement prudent,
exact, pourvoit à tout, ne néglige rien : tour-
à-tour il descend aux détails les moins impor-
tants en apparence, sans avilir son autorité : il
s'éleve aux vues d'administration générale, sans
se perdre dans des spéculations vaines : ce n'est
point un de ces administrateurs hardis, inquiets,
qui cherchent à étonner, à éblouir par des
systêmes nouveaux, par des réformes brusques
& précipitées, par des projets brillants, mais
presque toujours chimériques : il ne prétend
qu'à gouverner les hommes en les rendant
heureux, qu'à les rendre heureux en les rendant
meilleurs, qu'à les rendre meilleurs, sans em-
ployer d'autres moyens que ceux que lui indique
une raison sage, modeste, tranquille, réfléchie,
instruite par l'expérience, mûrie à l'école de
la douce morale de l'évangile, sans humeur,
sans éclat, sans secousse violente : Dieu préserve

l'églife des ces hommes impétueux, d'un caractere trop ferme, incapables de plier, qui veulent
opérer le bien *à propos*, *hors de propos*,
qu'aucun motif ne fait changer, qu'aucune confidération n'arrête. Il eft fans doute des circonftances où la fermeté qui oppofe une réfiftance
ouverte, devient un devoir pour un évêque :
c'eft quand la foi eft attaquée, quand la regle
des mœurs eft en péril ; céder alors, c'eft pré-
variquer ; admettre alors des tempéraments, ce
feroit trahir la caufe de Dieu même : par-tout
ailleurs, dans toute autre circonftance, douceur,
indulgence, bonté, méthode fûre, méthode
efficace, j'ofe le dire, méthode unique pour
bien gouverner l'églife. Jefus-Chrift fon fondateur a-t-il craint de donner à fes apôtres des
leçons de douceur trop fréquentes ? Qu'on fe
rappelle les images intéreffantes fous lefquelles
il fe plaifoit à fe peindre lui-même ; c'eft un
pafteur fenfible, qui ramene au bercail la brebis
égarée ; c'eft un pere tendre qui aime à pardon-
ner à l'enfant prodigue.

Tels étoient les principes bienfaifants qui
dirigeoient l'évêque de Digne ; tel étoit le modele
augufte qu'il fe propofoit de fuivre : auffi,
Meffieurs, quel étoit l'empire qu'il exercoit
fur tous les cœurs ! quelle volonté rebelle ne
cédoit

cédoit pas, ne s'empreſſoit pas de céder à la douce perſuaſion qui couloit de ſes levres, à ſes manieres prévenantes, aimables ? Apprenoit-il que des diviſions malheureuſes menaçoient d'une ruine prochaine des familles entieres, mettoient aux priſes des ſeigneurs trop entêtés de leurs droits, élevoient des prétentions jalouſes entre des compagnies reſpectables ? il s'établiſ-ſoit avec confiance l'arbitre, le conciliateur de tous les différends : il évoquoit leur déciſion à lui-même, à ce tribunal volontaire dont l'équité connue forçoit tous les hommages ; il interrogeoit avec patience ; il diſcutoit tous les moyens avec impartialité ; il engageoit à faire des ſacri-fices réciproques à la paix, à la concorde, à la charité chrétienne ; il prononçoit des arrêts ſages, auxquels ſouſcrivoient toutes les parties ; & retraçant les mœurs antiques dont la ſim-plicité nous plaît encore, malgré le dédain délicat de nos mœurs modernes, il faiſoit aſſeoir enſemble à ſa table, à la table frugale du pere commun, des ennemis, des époux, des freres qu'il avoit appaiſés, réconciliés par ſa douce prudence ; il cimentoit, il ratifioit leur réunion ſincere au milieu des joies innocentes d'un feſtin patriarchal : on voyoit renaître ces tems heu-reux où tous les pouvoirs ſembloient attachés à l'autorité paftorale, parce que s'oubliant elle-même & fes intérêts perfonnels, & les titres vains de la grandeur, elle ne s'occupoit que du bonheur de l'humanité toute entiere.

Et cette ardeur, & ce zele à contribuer au foulagement de fes femblables, fentiment furtout des belles ames, des ames douces ; fentiment qui prend une activité nouvelle au foyer d'une religion établie, fondée fur la charité ; dans combien d'autres circonftances encore a-t-on vu l'évêque de **Digne** développer ce fentiment précieux, le manifefter par fa conduite? Pafteur d'un troupeau chéri, mais dont l'indigence afflige, inquiette fon amour, il épuife tous les moyens pour remplacer les reffources que lui refufe hélas ! la modicité de fa fortune: fon caractere aimable lui avoit gagné, conquis l'affection, les cœurs des perfonnages les plus qualifiés de la capitale & de la cour. Avec quelle perfévérance, avec quel fuccès complet il follicite, il obtient pour fon diocèfe les dons abondans, les immenfes largeffes de leur charité ! il dédaigne de demander pour lui, d'attirer fur fa tête les graces du Monarque & des miniftres : la faveur dont il jouit auprès des grands, oifive pour lui-même, ne devient utile qu'aux befoins des fideles dont il eft le protecteur & le pere : rien pour l'évêque de Digne, tout pour son troupeau ; il détourne sur ses ouailles les effets salutaires de l'intérêt vif que sa bonté, que sa douceur avoit inspiré pour sa personne.

Mettons dans un plus grand jour l'héroïsme de l'ame tendre de l'évêque de Digne, & révélons, ou rappellons le plus beau trait qui honore sa mémoire. A peine est-il assis sur le trône épiscopal ; une maladie contagieuse se répand tout-à-coup dans l'hôpital militaire de Digne ; elle frappe, elle immole les défenseurs de la patrie dans l'asyle ouvert pour les soulager dans leurs souffrances : des religieux intrépides volent à leur secours ; des soldats courageux de cette milice sainte, qu'un monde ingrat voudroit aujourd'hui proscrire dans son fanatique délire, affrontent tous les maux, s'exposent nuit & jour à la mort, bravent avec audace l'influence perfide d'un air empesté dont l'art ne peut arrêter les ravages : voyez-les cueillir avec joie la palme du martyre auprès des malades que leur zéle infatigable réconcilie avec le ciel. O mon Dieu ! le fléau terrible a donc renversé, fait périr sur le champ du pere de famille les ouvriers généreux que l'espoir de la récolte avoit enhardis à mépriser tous les dangers : il a répandu l'alarme au milieu des autres braves que leur vocation destine, appelle à secourir Israël : éleve autrefois de Belsunce, devenu son émule, l'évêque de Digne s'avance seul pour remplir un ministere effrayant que tout le monde refuse ; comme Moyse, comme Paul, il consent, il demande à être anathême pour son peuple : en vain l'amitié, la tendresse, une prudence pusillanime voudroit enchaîner, suspendre, modérer du moins son ardeur apostolique ; il ne connoît que son devoir : sourd à tout, il n'écoute que la voix de son cœur sensible ; il s'attache au lit des malheureux mourans ; il prodigue à tous des paroles de paix, de consolation, de salut ; il leur administre lui-même les sacremens de l'église qui les aident, les fortifient au redoutable passage du tems à l'éternité. Ah ! que l'exemple du chef a de pouvoir sur ceux qu'il commande ! s'il est encore des mercenaires timides, que la présence du loup écarte de la bergerie, le spectacle de l'évêque de Digne qui s'est élancé sans frémir au milieu des horreurs de la mort, rappelle, ranime tous les ministres fideles qui sont dignes *de combattre les combats du Seigneur* ; ils l'arrachent à leur tour malgré lui aux périls que leur zele veut seul partager ; le ciel récompense leur piété, la piété filiale qui conserve les jours d'un pere :

il rend au pasteur & au troupeau des jours plus tranquilles & plus sereins.

Que le tems ne me permet-il de vous peindre l'évêque de Digne prodiguant une seconde fois sa vie pour de tendres brebis qu'il chérit plus que lui-même ! Que n'ai-je le loisir de vous le représenter au milieu des ténebres d'une nuit profonde qu'éclaire par intervalle la lumiere lugubre d'un incendie cruel ! Vous verriez avec quelle ardeur il se porte le premier à travers les débris & les flammes au secours des infortunés, qu'une compassion stérile laissoit exposés à la crainte prochaine d'une mort affreuse : vous verriez son intrépidité rallumer le courage éteint, le fléau destructeur céder à tous les efforts, & le succès bénir, couronner le dévouement généreux de la charité : la réputation de l'évêque de Digne franchit bientôt les bornes étroites de son diocèse ; on le désigne, on le nomme pour tous les postes qui demandent du zele, de l'activité, des talens, du courage (*) : il vaque une place distinguée dans l'administration des états de la Provence : le vœu général y appelle l'évêque de Digne ; le choix de la cour sanc-

____

(*) La place de procureur adjoint aux états de Provence.

tionne, ratifie le vœu général : ne croyez pas
que la faveur lui faſſe oublier jamais ce qu'il
doit au pays qui l'a vu naître ; ne croyez pas
que ſon zele pour la patrie l'écarte auſſi jamais
de la ſoumiſſion qu'il doit à l'autorité ; s'il eſt
citoyen, il ſe rappelle qu'il eſt ſujet ; ſa prudence, ſa douceur, ſavent accorder tous les devoirs : la nation ne connoît pas de défenſeur
plus ferme ; la cour n'a jamais vu de défenſeur
plus reſpectueux des priviléges, des droits &
des intérêts des peuples : il fait entendre, applaudir le langage noble d'une liberté ſage &
circonſpecte dans une monarchie où le pouvoir
s'honore d'être abſolu, ſans être arbitraire.

Une circonſtance, nouvelle récompenſe, juſ-
tifie l'idée favorable que l'évêque de Digne
a donnée de ſon mérite. La longue guerre
de 1740 avoit obligé la Provence, théâtre
elle - même d'une partie des événemens
qui la ſignalerent, de venir au ſecours du
royaume par des avances gratuites, des avances
conſidérables, que la paix devoit acquitter un
jour : cette paix deſirée avoit terminé des campagnes célebres à jamais par la gloire continuelle
de nos triomphes. La province délibere pour
choiſir le citoyen vertueux qui doit être l'in-
terprete de ſes juſtes demandes auprès du trône :
que de mouvemens ! que d'intrigues ! que de

concurrens fe préfentent! le nom feul de l'évêque de Digne, fans cabale, fans prôneurs, écarte tous les rivaux. L'évêque de Digne étoit déja connu à la cour, préjugé heureux qui n'annonce que des fuccès ; cependant tout contrarie fon zele, tout l'arrête : on refufe de l'entendre ; il fe fouvient alors de la dignité de fon caractere ; il écrit au miniftre (*) de ce ton fublime & vrai qui honore toujours un évêque : «Un pafteur » doit-il fi long-tems refter éloigné de fon trou- » peau chéri ? Un citoyen zélé peut-il pro- » longer un féjour onéreux à fa patrie dont il » vient défendre, foutenir les intérêts ? Qu'on » l'écoute fans délai, ou qu'on lui permette de » retourner à des fonctions facrées qu'il n'a pu, » qu'il n'a dû quitter qu'à regret ». Meffieurs, ne défefpérons jamais du pouvoir de la vérité, quand elle s'exprime avec ce refpect & cette fermeté : toutes les difficultés difparoiffent, toutes les barrieres tombent devant l'évêque de Digne ; il parle au miniftre, au Roi ; le miniftre convaincu, le Roi fatisfait cedent, fe rendent, accordent tout à l'éloquence douce, perfuafive de l'évêque de Digne.

(*) M. le comte d'Argenfon, alors miniftre au département de la guerre.

Voilà l'époque & la source véritable de cette longue faveur, dont bientôt après l'évêque de Digne commença de jouir à la cour : nous allons le voir tous les jours briller d'un nouvel éclat : plus il sera connu, plus il plaira & au maître & aux courtisans ; sans le vouloir, sans y penser, sans s'en douter peut-être, par l'amabilité de son caractere, par ses graces naturelles, par sa candeur même, par sa franchise, par une gaieté vraie, naïve, toujours la même, il obtiendra des succès tous les jours nouveaux dans un pays où l'on ne réussit presque jamais qu'à force de manéges, où l'on ne s'éleve qu'en rampant, où l'art de plaire est un art pénible, où la sincérité est un écueil, où la sombre ambition ignora toujours les plaisirs purs d'une ame qui s'épanche. Louis XV, appréciateur si juste du mérite, surtout du mérite de la bonté & de la douceur, goûta, aima l'évêque de Digne dès qu'il fut à portée de le connoître : la mort d'un prélat qui avoit forcé pendant sa vie la cour toujours sévere, quelquefois même injuste quand elle juge les ministres de l'église, de rendre un hommage aussi solemnel à la pureté irréprochable de ses mœurs, qu'à la douceur, à l'aménité de son caractere, offre tout-à-coup aux vœux de l'ambition le ministere important de la feuille des bénéfices : l'intrigue s'éveille, elle ourdit fes trames ténébreufes ; car il faut malheureufement en convenir, le fanctuaire n'eft pas toujours inacceffible aux paffions humaines ; les pontifes de la loi nouvelle font encore des hommes, & leur caractere, que nous devons toujours refpecter, les laiffe néanmoins expofés au defir des honneurs dont l'éclat paffager éblouit trop aifément les foibles mortels. Louis XV voit frémir autour de lui les prétentions inquiettes ; fon choix étonne, déconcerte tous les prétendans : le cardinal de la Rochefoucault eft remplacé par l'évêque de Digne ; l'évêque d'une ville obfcure, un évêque dont le titre principal fut fa modération même, connue, applaudie par le Souverain, occupe un pofte que briguoient peut-être les perfonnages les plus célebres

Difpenfez-moi, Meffieurs, d'entrer dans les détails d'une adminiftration difficile, qui jamais dans aucun tems n'a pu réunir tous les fuffrages : les diftributeurs des graces, par la nature feule de leur miniftere délicat, doivent plutôt exciter des murmures qu'obtenir des éloges : fouvent ils font des ingrats dans ceux qu'ils élevent ; ils font toujours des mécontens dans ceux qu'ils écartent : combien de fois font-ils trompés eux-mêmes dans le choix des fujets auxquels ils conferent les honneurs ? Et cette erreur qu'il faudroit mettre fur le compte feul de l'humanité qui n'eft point infaillible, l'efprit de parti, tou-jours aveugle dans fes jugemens, l'ambition fruftrée, toujours injufte, parce qu'elle eft jaloufe, ne balancent pas à l'attribuer à des vues profanes ; la furprife faite à l'autorité qui en gémit la premiere, eft taxée hardiment d'oubli des regles, de mépris des fervices, d'injuftice criante & refléchie : qu'il me fuffife d'affurer, fans craindre d'en être démenti aujourd'hui, que l'évêque de Digne, dans l'exercice d'un miniftere fi périlleux, a donné à l'églife de France un grand nombre de pontifes vertueux dont la mémoire lui eft chere, ou dont les exemples l'honorent encore ; que pendant le cours de plufieurs années l'envie elle-même n'ofa point attaquer les nominations qu'il propofa, ou qu'elle eut contr'elle l'opinion publique ; que fi la malignité fe permit à la fin le ton amer de la critique qui calomnie, & fi fes fatyres trouverent des approbateurs, c'eft qu'il eft rare qu'un pouvoir qui dure long-tems, foit toujours applaudi ; c'eft que les hommes fe laffent de louer, & qu'ils éprouvent un plaifir plus vif & plus fenfible à cenfurer & à condamner.

Un honneur pour l'évêque de Digne est bientôt suivi d'un nouvel honneur. Vous perdez, Messieurs, un évêque (*) que vous estimiez, & que son mérite, & que des circonstances favorables ont élevé depuis à deux dignités des plus brillantes de l'église & de l'état; c'est malgré lui, (j'en ai pour garant l'évêque de Digne lui-même, ce prélat qui par sa franchise peut être témoin dans sa propre cause.) c'est après des résistances même ouvertes, c'est par l'ordre précis & réitéré du maître qui vouloit récompenser sa douceur & ses services, que l'évêque de Digne est contraint d'accepter le gouvernement de ce vaste diocese : toutes les faveurs semblent s'accumuler sur sa tête : il est décoré des marques (2) de cet ordre fameux, devenu le plus bel ornement des seigneurs, des princes & des souverains eux-mêmes : le modeste évêque d'Orléans veut mettre enfin des bornes, veut opposer en quelque sorte une barriere aux honneurs qui le poursuivent : on lui offre l'abbaye de St. Germain : il la refuse ; il rejette l'archevêché de Cambray

---

(*) M. de Laval-Montmorency, aujourd'hui évêque de Metz, cardinal & grand-aumônier de France.

qu'on lui préfente : le fouverain pontife , le monarque fe réuniffent , s'accordent à vouloir l'honorer de la pourpre romaine (3). Hommes ambitieux , toujours avides de diftinctions & de dignités , & jamais fatisfaits , croyez aujourd'hui à une vertu que vous regardiez comme une chimere ; il fut toujours , il eft encore des ames défintéreffées & généreufes : rougiffez en voyant un exemple fublime que votre orgueilleufe vanité vous rend incapables d'imiter : l'évêque d'Orléans , plus digne que vous des honneurs par la modération feule de fon caractere , que fa modération même rend moins fenfible à leur éclat , plus heureux que vous encore , parce qu'il eft plus modéré , réfifte au nonce apoftolique qui le preffe de confentir à une faveur qu'il n'a pas demandée ; il réfifte aux follicitations de fes amis qui veulent vaincre fa modeftie ; il réfifte au defir du Roi lui-même , étonné de l'héroïfme de cette réfiftance nouvelle.

En terminant cette premiere partie de l'éloge de l'évêque d'Orléans , pourrois-je paffer fous filence l'ufage le plus digne d'un évêque qu'il fit à la cour de fon crédit & de fa faveur ? Le temple principal de ce diocefe , vous le favez, reftoit imparfait depuis plufieurs regnes ; & la

vue de cet édifice augufte rappelloit les ravages d'une héréfie qui rougit elle-même à
préfent de fes fureurs : Henri IV, ce fouverain
dont on ne prononce le nom qu'avec un atten-
driffement qui fait feul fon éloge, engagé autrefois dans l'erreur par le vice de fa naiffance,
l'avoit enfin reconnue, abjurée : fincérement revenu à l'églife, quoi qu'en ait publié une fecte
défefpérée qui ofa calomnier un grand prince
incapable de feindre; quoi qu'en dife de nos
jours un philofophe incrédule, qui voudroit
ranger fous fes drapeaux tous les hommes qui
ont le plus honnoré l'humanité, il promit folem-
nellement d'effuyer les larmes de Sion défolée,
de relever les autels de Jérufalem que le fana-
tifme de Samarie avoit détruits, de rendre
fur-tout aux évêques leur autorité, aux tem-
ples où ils préfident, leur ancienne fplendeur
& leurs richeffes.

Sa vie trop courte avoit, hélas ! rendu pref-
qu'inutile pour nous un vœu dicté par la juftice
& la piété. Que les progrès du mal font rapides !
mais qu'on eft lent à les réparer ! Plus d'un
fiecle & demi s'étoit écoulé, & nous avions la
douleur de gémir encore, comme les Juifs,
fur les ruines du temple : la premiere églife de
ce diocefe, fi fouvent entreprife, auffi fouvent

interrompue , attendoit un grand - prêtre qui achevât un chef-d'œuvre religieux , vainement defiré par nos ancêtres ; il étoit réfervé à l'évêque d'Orléans que nous pleurons, de mettre la derniere main à ce temple faint , qui réunit l'élégance à la majefté , que l'étranger envie , que le citoyen admire , qui , créé d'après les plans de l'architecture des tems barbares , en corrige, en rachete les défauts par une exécution brillante , par la fageffe des proportions , par la hardieffe de fon élévation , par la forme agréable, par la légéreté apparente des folides appuis qui le foutiennent , par le travail induftrieux des ouvrages qui l'embelliffent au-dehors : plus d'une fois des pontifes illuftres par leur naiffance , recommandables par leur piété , connus, refpectés à la cour, avoient effayé d'attirer fur Orléans les regards religieux & les dons du monarque : les graces avoient été paffageres & les bienfaits modiques : l'évêque d'Orléans fe voit à peine chargé d'une adminiftration qui confie à fes foins l'emploi des revenus facrés que la prudence de nos Rois a mis en réferve ; auffi-tôt il preffe , il follicite pour une églife devenue fon époufe chérie : plus heureux que tous fes prédéceffeurs , parce qu'il met à fes demandes cette douceur perfuafive , cette ardeur

tempérée, mais continuelle, qui obtient tôt ou
tard des succès, il a la consolation d'assurer à
la cathédrale de son diocese, non pas des secours mesurés, mais des libéralités sans bornes ;
il procure à l'église, dont il est le chef, tous
les fonds nécessaires pour terminer, pour con-
sommer une œuvre admirable de magnificence
religieuse. Nouveau Simon, grand-prêtre de la
loi nouvelle : *Simon ... sacerdos magnus*, pendant sa vie il eut la gloire de consolider la
maison du Seigneur : *in virâ suâ suffulsit do-
mum :* (*cap. quinquagesimo Ecclesiastici*, *v. I.
& seq.*) pendant les jours de son pélerinage
sur la terre, il releva, il fortifia le temple saint :
& in diebus suis corroboravit templum : il jetta
les fondemens de cette partie du temple, né-
cessaire à la perfection de commencemens déja
augustes : *templi etiam altitudo ab ipso fundata
est :* il éleva ces deux tours superbes qui éton-
nent par leur hauteur, qui arrêtent & fixent
l'œil curieux de l'observateur intelligent par
des ornemens variés où l'art triomphe, où la
pierre docile prend à l'ordre du ciseau les formes
les plus élégantes & les plus finies : *duplex
ædificatio & excelsi parietes templi :* il aggrandit,
il développa l'entrée majestueuse de cet édifice
sacré ; & ses armes, & son nom, placés sur

le frontifpice qui le décore, attefteront à jamais
à la poftérité la plus reculée & fon zele pour
l'honneur de Dieu, & l'intérêt vif qu'il prenoit
à la fplendeur de fon églife : *ingreſſum domûs*
& atrii amplificavit. Ibid.

Jufqu'ici, Meſſieurs, vous avez vu l'évêque
d'Orléans juftifier par fon exemple cette ma-
xime enfeignée par la vérité même : *bienheureux*
ceux qui font doux, parce qu'ils poſſéderont
le cœur de tous les habitans de la terre : il
gagna tous les cœurs, il obtint tous les honneurs : il va réalifer encore dans fa perfonne
un autre genre de bonheur : *bienheureux ceux*
qui pleurent, parce qu'ils feront confolés. Religion fainte, tout ici tournera de plus en plus
à votre gloire. Cette bonté, cette douceur de
caractere deviendra de plus en plus dans l'évêque
d'Orléans, une bonté, une douceur chrétienne,
une bonté, une douceur fanctifiée par la grace:
purifiée par le feu falutaire de l'adverfité, elle
fera une bonté, une douceur méritoire pour
l'éternité : cet enfemble heureux de qualités
charmantes, qui faifoit de cet homme aimable
les délices des autres hommes, perfectionné,
annobli par la fainte morale de l'évangile, en
fera pour toujours & fans retour un homme
felon le cœur de Dieu, un homme agréable

aux yeux de Dieu : telle eft la feconde partie d'un éloge qui deviendra plus que jamais l'éloge d'un évêque , un éloge digne d'être prononcé & entendu dans le lieu faint.

SECONDE PARTIE.

O incertitude ! ô fragilité des grandeurs humaines! l'évêque d'Orléans perdit dans un moment une faveur, des places qu'il avoit poffédées fi long-tems ! Quelle put être la caufe de fa difgrace ? Comment déplut - il tout - à - coup à un maître qui le chériffoit ? Etoit-ce à regret qu'un monarque jufte éloignoit de fa perfonne un miniftre qui avoit mérité fa confiance ? fut-il déterminé par des circonftances impérieufes qui deviennent des loix pour le trône lui - même ? Ce n'eft point au pied du fanctuaire qu'il convient de réfoudre des queftions fi délicates : un miniftre des autels doit-il entrer dans le labyrinthe de ces intrigues ténébreufes qui agitent fi fouvent les cours ? Doit-il chercher à dévoiler des fecrets qu'il plaît à l'autorité de couvrir des ombres du myftere ? Cependant, difons-le avec affurance, l'évêque d'Orléans, en perdant la faveur, ne perdit ni la paix ni la tranquillité de fon ame; il trouva des confolations bien folides dans cette douceur , cette modération de caractere qui l'avoit conduit aux honneurs, qui l'avoit rendu heureux au milieu des honneurs : pourquoi dédaignerois-je des détails dont la simplicité même fera sortir davantage l'égalité héroïque d'une ame maîtresse d'elle-même, qui ne connoît ni les excès de la joie , ni l'abandon de la tristesse ? Des bruits avant-coureurs , signe presque toujours certain d'une faveur qui chancele, avoient frappé les oreilles de l'évêque d'Orléans : le courtisan l'observe ; il épie tous ses mouvemens ; il cherche à surprendre dans ses discours , dans son air , la preuve & l'aveu du malheur qui le menace. Ambitieux, déchus des honneurs , vous en conviendrez avec moi ; souvent l'approche & la crainte des revers ébranlent plus la constance que les revers eux-mêmes : l'évêque d'Orléans, placé sous la nue d'où la foudre va tomber sur sa tête , est toujours aussi aimable, paroît toujours aussi content, sa gaieté est aussi franche que dans ces jours heureux où le ciel étoit pour lui sans nuages ; où la fortune libérale lui prodiguoit toutes ses faveurs : il parle , il répond avec la même confiance au prince qui déja a résolu sa disgrace ; l'ordre fatal est expédié ; l'évêque d'Orléans le fait ; il l'attend sans humeur. Croiroit-on, si des témoins véridiques, oculaires, ne l'avoient attesté, que l'heure ordinaire de son sommeil n'en fut point dérangée, que la tranquillité de son repos n'en fut point troublée, que la sérénité de son réveil n'en fut point altérée ? Avec quelle tournure agréable de plaisanterie douce & spirituelle n'accueillit-il pas lui-même le ministre chargé de lui porter la nouvelle de son malheur ?

Mettez à la place de l'évêque d'Orléans si soumis, si résigné aux épreuves de l'adversité ; mettez un de ces hommes dévorés d'une ambition sans bornes, qu'une disgrace subite écrase, qui se regardoient comme supérieurs aux attaques de la haine, de la jalousie, de la vengeance, de toutes les passions conjurées, qui se flattoient d'avoir soumis pour toujours à leur ascendant victorieux la volonté enchaînée, l'autorité passive de ceux dont leur naissance, le poste qu'ils occupoient ne les avoit établis que les premiers sujets. Représentez-vous un nouvel Aman frappé, renversé dans l'instant même où de nouvelles graces accordées à son orgueil, écartoient loin de lui l'image prévoyante des revers : quelle fureur, quelle rage s'empare de son ame ! quel tourment le déchire ! Successivement en proie aux mouvemens violens du désespoir cruel d'avoir perdu la faveur du maître , ou triste jouet de l'espérance illusoire & perfide de la recouvrer un jour ; on le voit s'agiter dans un cercle continuel de manœuvres sourdes , de cabales obscures , ou pour supplanter à son tour le rival heureux qui l'a supplanté lui-même , ou peut-être pour se venger de sa patrie en y excitant des troubles , en y attisant en secret le feu des dissentions civiles : toujours déçu dans ses insensés projets, en vain , pour distraire la vivacité , l'amertume de ses regrets , tour à tour il se jette dans le tourbillon inquiet des plaisirs fastueux & bruyans , ou il se traîne sans rougir dans la fange obscène des voluptés les plus infâmes : une expérience personnelle le convainc tous les jours qu'il n'est point de paix pour l'impie , pour l'apostat des mœurs , pour l'ambitieux coupable qui sacrifie tout à sa grandeur.

Mais, Messieurs , tournons nos regards sur un spectacle plus doux ; suivons l'évêque d'Orléans , contemplons , continuons d'admirer sa tranquillité, sa patience : une seule circonstance, ne le dissimulons pas néanmoins, parut affliger vivement cette ame tendre , & c'est un hommage qu'il te rendit , loi sacrée de la nature ; & la religion elle-même, qui consacre tous les devoirs , ne put qu'applaudir à fes fentimens : hélas ! les meilleurs princes femblent oublier quelquefois ce qu'ils doivent à l'humanité ; on les trompe ; on les égare ; on furprend à leur confiance crédule des ordres que défavoueroit leur propre cœur, fi l'intrigue n'étouffoit pas la voix touchante de leur fenfibilité naturelle : l'évêque d'Orléans ne demande qu'une grace ; il poffede encore une mere qui mérite tout fon amour, elle va peut - être hélas ! terminer bientôt fa longue carriere ! Fils tendre, fils reconnoiffant, il voudroit lui parler encore avant qu'une mort cruelle l'enleve à fa tendreffe ; il voudroit entendre fes dernieres paroles, profiter encore de fes derniers confeils , fermer lui-même fes yeux , recueillir fes derniers foupirs ; & cette grace unique eft refufée à fes defirs, & cette mere défolée ne peut furvivre elle-même à la douleur profonde de n'avoir pu embraffer un fils que fa difgrace lui rend encore plus cher. Courtifans jaloux de la faveur de l'évêque d'Orléans, foyez fatisfaits ; vous avez frappé fon cœur par l'endroit le plus fenfible : il quitte fes places fans regret ; mais il verfe des larmes fur la rigueur de l'ordre qui le prive à jamais du plaifir de voir l'auteur refpectable de fes jours.

Enfin l'orage eft calmé ; après un an d'exil ,

l'évêque d'Orléans eft rendu à fon diocèfe : heureux troupeau , vous allez connoître un pafteur que d'abord un miniftere important, qu'enfuite fes malheurs tenoient éloigné de vous: oh ! quelle fut la joie réciproque & du pafteur & du troupeau ! Un troupeau fi fidele , un pafteur fi tendre ! Vous aviez fi fouvent entendu faire l'éloge de la bonté , de la douceur de votre évêque; il vous fut donné, Meffieurs , de fentir, d'apprécier vous-mêmes toutes fes qualités : il vous fut impoffible de ne pas le chérir comme un pere : il femble même qu'à l'école de l'adverfité, fi propre à rapprocher les hommes , puifque le malheur les égale, votre évêque eût acquis, pour ainfi dire , une aménité , une popularité de mœurs plus marquée : qui de vous ne fut pas enchanté de lui, de fon air aimable, prévenant, de fon abord gracieux , avant d'avoir eu encore le bonheur de lui parler ? Avec quelle affabilité il vous écoutoit ! avec quelle facilité il vous accordoit ce que vous lui demandiez, ce que vous defiriez, quand la regle , quand le devoir n'arrêtoit pas fon penchant à obliger ; & alors même par quelles marques de fenfibilité il corrigeoit , il adouciffoit fes refus ! C'eft fur-tout à votre témoignage que j'en appelle , ô vous , que votre état , l'état faint du facerdoce foumettoit plus particuliérement à ses loix : sa bonté ne combloit-elle pas l'intervalle qui vous séparoit de lui ? ne sembloit-il pas vouloir vous faire oublier & l'éclat de sa naissance, & ses anciens honneurs, & sa dignité actuelle ? Sentiez - vous qu'il étoit votre maître, votre pasteur, votre évêque, que par le respect mêlé d'amour que sa vue seule vous inspiroit ? Oh ! quelle douce satisfaction il goûtoit avec vous en particulier, laborieux pasteurs des églises de nos campagnes ! quel accueil tendre il vous faisoit dès les premiers momens, quand déja accablé sous le poids des années, il acquittoit, en parcourant vos contrées différentes, il acquittoit la dette la plus sacrée de l'épiscopat ! Ah ! pourquoi les infirmités qui survinrent enchaînerent-elles son zele, & l'empêcherent-elles de fournir plus long-tems la carriere apostolique où il étoit entré ? pourquoi opposerent-elles enfin un obstacle invincible au desir ardent qu'il témoignoit de vous voir, de vous consoler chez vous ? Mais s'il ne pouvoit plus vous visiter, vous réjouir par sa présence, il ne cessa pas de s'occuper de vous, de vos besoins, de vos ouailles ; & quand l'importance des affaires exigeoit qu'il les traitât, qu'il les terminât lui-même, avec quelle onction le premier des pasteurs écrivoit-il aux pasteurs soumis à ſes ordres! On ſe rappelle encore ces lettres de l'évêque d'Orléans, où ſon ame, cette ame pleine de candeur, ſe peignoit elle-même ſous les traits les plus aimables : on croyoit entendre l'évêque de Genève; c'étoit ſon ton affectueux; c'étoit la naïveté de ſon ſtyle; c'étoit le langage, la perſuaſion, & c'étoient auſſi les triomphes de ſa douceur.

Dans cette conduite tranquille de l'évêque d'Orléans, dans cette image fidele du bonheur qu'il répandoit autour de lui, & qu'il partageoit lui-même, (car peut-on rendre les autres heureux, quand on n'eſt pas heureux ſoi-même?) appercevez-vous, pouvez-vous ſoupçonner la moindre trace de chagrin, de regrets ſur ces places, ſur ces honneurs qu'il a perdus, après les avoir poſſédés ſi long-tems? Son bonheur ne tenoit donc pas aux poſtes brillants qu'il occupoit; la ſource pure en étoit dans ſon cœur, dans la modération de ſes deſirs, dans la douceur de ſon caractere; & c'eſt-là où il puiſa, au milieu de ſes diſgraces, malgré le ſouvenir de ſes diſgraces, ces conſolations véritables que l'inquiette ambition ne connut jamais. Les grands de la cour, que l'évêque d'Orléans mérita de conſerver pour amis, .parce qu'ils avoient aimé dans lui, non le miniſtre, mais l'homme aimable,

l'homme modefte au milieu des honneurs , embellirent quelquefois , honorerent quelquefois
fa retraite : & quel phénomene nouveau offroit
à leurs yeux furpris le fpectacle raviffant de
cette égalité d'ame inaltérable qui triomphoit
ainfi de la fortune & de fes revers ! Dans quelle
extafe entrerent tout-à-coup des princeffes &
des princes auguftes (4) , quand ils furent les
témoins de cette entrevue célebre qui réunit
autour de l'évêque d'Orléans des freres , des
parens accourus des extrémités du royaume
pour partager avec lui le plaifir de fon retour
dans un diocefe qu'il chériffoit ! Quel moment
délicieux , & qu'il retrace bien les mœurs an-
ciennes , leur vérité , leur franchife , préférables
à la fenfibilité étudiée dont nous jouons aujour-
d'hui le perfonnage ! Avec quelle tendreffe ,
avec quelle cordialité , enivrés de la joie de fe
revoir tous enfemble , s'accueillirent-ils , s'em-
brafferent-ils les uns les autres ! Avec quelle
vivacité ils fe demandoient tous en même-tems
des nouvelles les uns des autres ! Avec quelle
fimplicité charmante l'évêque d'Orléans, le chef,
pour ainfi dire , de cette famille peut-être unique
dans l'univers par l'aimable accord de tous fes
membres , faifoit des queftions pleines d'intérêt,
entroit dans tous les détails , & dépouillant

l'étiquette vaine de la grandeur, & dédaignant l'ufage faftueux des titres de la grandeur, appelloit fes freres, ne les diftinguoit les uns des autres que par ces noms religieux que notre orgueil femble reléguer aujourd'hui dans les claffes obfcures, & dont s'honoroit autrefois la nobleffe la plus qualifiée. Voyez, s'écrioient entr'eux les princes & les princeffes, enchantés de cette fcene attendriffante ; voyez comme ils s'aiment, comme ils font heureux, comme ils méritent de l'être ! aucune autre contrée, non , la cour elle-même, avec fes fêtes & fes plaifirs, ne nous a jamais préfenté un tableau fi piquant.

Mais quels nuages obfcurciffent le bonheur dont jouit l'évêque d'Orléans, ce bonheur paifible de fa retraite qui avoit fuccédé pour lui au bonheur brillant de la cour ? O mon Dieu ! vous voulez donc mettre l'évêque d'Orléans à un nouveau genre d'épreuves : fa douceur toujours la même dans l'une & dans l'autre fortune, pourra-t-elle foutenir la rigueur , la longueur des fouffrances que vous lui préparez ? Votre évêque, Meffieurs, avoit été un modele de modération au milieu des honneurs , de réfignation dans le fein des difgraces; il faut, il faut qu'il foit encore un modele de patience héroïque au milieu des maux les plus opiniâtres. Il eft tems de vous découvrir les desseins aimables de la Providence sur l'évêque d'Orléans, sur son ame, sur son salut : si long-tems heureux sur la terre, il devoit travailler solidement, efficacement à être un jour heureux dans le ciel, & pour toujours; & ce bonheur qu'il va mériter par ses souffrances, & qui couronnera tous les autres, sera encore le fruit, le dernier fruit, le fruit le plus précieux de sa douceur.

Vous vous en souvenez sans doute : près de neuf ans sont révolus depuis le moment où votre évêque fut frappé par un Dieu bienfaisant qui vouloit rappeller tout-à-fait à lui, à sa loi sainte un cœur (pardonnez cet aveu au ministre austere de la vérité.) un cœur que le monde quelquefois partagea. Maladie terrible, qui nous causâtes alors tant d'alarmes, vous avez été pour notre pasteur chéri l'époque véritable, l'époque invariable de sa sainteté ! Ah ! que la cour est un séjour dangereux pour les ministres de l'église ! Ah ! que l'air frivole qu'on y respire, est bien contraire au saint recueillement, à la sainte sévérité des mœurs sacerdotales, à la ferveur de la piété, à la dévotion tendre, au goût pur des vérités sublimes de l'évangile ! Malgré leur vigilance extrême, Saint Grégoire à Constantinople,

Saint Jérôme à Rome, trembloient encore à la cour des empereurs & des papes. Rendons hardiment cet hommage à la vérité, & ne craignons plus la calomnie : l'évêque d'Orléans conserva à la cour ce respect profond pour la religion & pour la vertu, cette décence, cette régularité, cette foi sincere & vraie qu'il avoit puisée autrefois dans l'éducation la plus chrétienne, à l'école & dans l'exemple des parens les plus vertueux ; mais fut-il toujours insensible au prestige de la faveur, à la dissipation des fêtes mondaines, aux charmes de ces sociétés brillantes dont il faisoit lui-même les délices ? Trop facilement entraîné par la douceur même de son caractere, si ses mœurs resterent pures, s'il fut toujours fidele à ses principaux devoirs (*), sa piété, sa ferveur ne souffrirent-elles pas hélas ! quelque éclipse ? Graces vous soient donc rendues, Dieu bon, Dieu tout-

____

(*) Jamais l'évêque d'Orléans, même au milieu des plus importantes affaires, ne manqua à la récitation de son office : on a remarqué que, malgré les distractions de la vie qu'il menoit à la cour, il eut toujours la fidélité de faire des prieres particulieres à la Ste. Vierge, pour laquelle il avoit une dévotion tendre ; c'est à elle qu'il a dédié sa chapelle de Meung.

puissant ! vous n'avez affligé l'évêque d'Orléans que pour le purifier, le sauver. Vous le savez, Messieurs, quand il fut atteint de cette maladie cruelle, nous tremblâmes pour ses jours; nous craignîmes de le perdre : nous adressions au ciel des vœux ardens pour sa santé : le ciel exauça & nos vœux publics, & nos desirs les plus secrets : il nous rendit notre évêque; il nous le rendit tel qu'il étoit dans les premieres années de son épiscopat.

Une œuvre religieuse excite d'abord le zele, la dévotion de l'évêque d'Orléans : je m'imagine l'entendre s'écrier comme David : j'habite un palais enchanteur ; *ecce ego habito in domo cedrinâ. (Cap. 17, lin. 1, Paralip.)* quand construirai-je auprès de moi une demeure décente à l'Etre suprême, où je puisse, où il me soit permis de lui rendre à toute heure mes hommages ? *arca autem fœderis domini sub pellibus est.* La piété avoit formé ce projet; le danger l'a décidé; la reconnoissance l'exécute : c'étoit au milieu des plus vives douleurs que l'évêque d'Orléans s'étoit engagé à donner à son Dieu cette marque solemnelle de son amour; sa promesse étoit montée en odeur de suavité au trône même de l'Eternel : l'évêque d'Orléans échappe au danger ; après une annonce de mort, de nouvelles années lui font promifes. *Addam diebus tuis. Cap.* 20 *, lin.* 4 *, Reg.* A peine rétabli, avec quel ardeur il remplit fans délai l'engagement refpectable qu'il a contracté ! Plus heureux que David, il n'eft point obligé de confier ce foin honorable à fon fucceffeur. Prélat vénérable, réalifez vous-même le defir le plus vif de votre cœur : le ciel l'approuve ; Dieu eft avec vous. *Fac, Deus enim tecum eft. Cap.* 27 *, lin.* 2 *, Paralip.* Je le vois s'élever, cet édifice facré, qui fera le confident de vos prieres (*), de vos foupirs, de vos regrets fur le paffé, de vos méditations profondes fur la vanité, le néant des honneurs, des plaifirs mondains ; c'eft au pied de cet autel où vous vous profternerez fouvent ; c'eft en immolant vous-même fur cet autel l'Agneau faint de la loi nouvelle avec une piété, avec une ferveur qui ravira les anges & les hommes, c'eft-là, c'eft alors que vous prendrez la réfolution ferme, vigoureufe de veiller plus que jamais,

---

(*) Un Anglois, frappé de la fimplicité noble & religieufe de cette chapelle, n'a pu s'empêcher de s'écrier en y entrant, *qu'elle invitoit elle-même au recueillement & à la priere.*

par vous-même, autant que vos infirmités pour-
ront vous le permettre encore , fur le vaſte
dioceſe que la Providence vous a confié.

Et quels furent en effet les fruits méritoires
de la ſainte retraite de notre évêque? Habitans
d'une ville privilégiée, qui avez joui de ſa préſence pendant ſes dernieres années , avec quelle
charité éclairée il écartoit de vos foyers deux
fléaux également redoutables , la miſere & l'oi-
ſiveté , le déſeſpoir de l'une , & les vices de
l'autre ! avec quelle activité préſidoit-il tous les
jours aux travaux de tous les genres, qu'il or-
donnoit, qu'il encourageoit pour ſoulager vos
pauvres d'une maniere utile ! Il vouloit leur
faire mériter , ſanctifier le bonheur qu'il leur
procuroit : quelle jouiſſance c'étoit pour lui ,
pour cette ame ſenſible, de voir , d'entretenir
tous les jours les heureux qu'il faiſoit lui-même !
Ah ! n'en doutons pas , c'étoit-là le motif tou-
chant qui l'arrêtoit, le fixoit au milieu de vous :
ſi nous pouvions envier la prédilection qu'il vous
accordoit, la renommée du moins nous con-
ſoleroit par le ſeul récit des œuvres édifiantes qui
l'occupoient. O vous tous, qui aviez le bonheur
d'être ſes vaſſaux , vous vous ſouviendrez auſſi
tous de ſa bienfaiſance & de ſa charité ! L'évêque
d'Orléans, toujours prêt à faire le bien qui s'of-

froit à fon efprit, ou que le zele lui propofoit, (tel étoit fon caractere ; il ne manqua jamais qu'au bien qu'il ne put connoître ; il, demanda toujours, fur-tout dans fes dernieres années, de connoître le bien qu'il devoit faire.) l'évêque d'Orléans s'honore de fuivre l'exemple (*) d'un eccléfiaftique vertueux, dont le nom fera immortel dans les faftes de la charité de cette province. Tous les ans, après des largeffes réglées, après des largeffes dont le détail, couvert jufqu'à fa mort du voile de la modeftie, n'a pu être connu qu'a cette époque ; tous les ans le fruit des économies de l'évêque d'Orléans eft encore appliqué à faire, à augmenter un fonds deftiné à des charités perpétuelles ; & c'eft pour vous, fes vaffaux chéris, c'eft pour vous que ce tendre maître a fondé ces fecours généreux.

Que ne puis-je rappeller ici tout le bien qu'a fait l'évêque d'Orléans, tout le bien plus confidérable encore qu'il fe propofoit de faire ? Les aumônes qu'il a diftribuées lui - même, celles qu'il a affurées après fa mort, fes juftes difpofitions pour concilier tous les devoirs, les de-

---

(*) M. l'Abbé de Luker, Abbé de l'Abbaye de Beaugenci.

voirs

voirs de la parenté, les devoirs de la charité ; ses libéralités sur-tout, des libéralités sans bornes, accordées (*) à une maison d'inſtitution publique dont il eſt devenu comme le ſecond fondateur ?

Mais un objet plus frappant encore doit terminer tous nos éloges : arrêtons nos yeux ſur un ſpectacle qui doit réveiller dans nos ames tous les ſentimens ; ſentimens de la tendreſſe, ſentimens de la compaſſion, ſentimens de l'admiration : contemplons notre évêque triſ. tement étendu ſur un lit de douleur, ſouffrant à la fois tous les maux auxquels peut être ſujette la foible, la malheureuſe humanité ; ſouffrant plus encore par les remedes terribles de l'art, que par le mal même que la ſcience humaine cherche hélas ! mais en vain à guérir, ou à ſoulager ; & remarquons deux circonſtances qui ajoutent à l'intérêt d'un tableau déjà ſi attendriſſant par lui-même, l'obſcurité, pour ainſi dire, & la longueur des ſouffrances d'un pontife ſi rigoureuſement éprouvé à la fin de ſa carriere : point de témoins, ou du moins peu de témoins de ſes ſouffrances ; & des témoins dont la préſence n'oblige pas l'amour-propre & la vanité

(*) Le Collège de Meung-ſur-Loire.

D

à faire le perfonnage fimulé de la patience, de de la fermeté, du courage ; des témoins do-meftiques, s'il eft permis de s'exprimer de la forte, devant lefquels l'ame peut fe déployer, fe manifefter toute entiere avec fa foibleffe na-turelle ; des confidens déja difpofés , par leur attachement, leur tendreffe, leur affection connue, invariable, à exécuter, à juftifier, par l'excès, par la continuité des fouffrances, les plaintes, les murmures qui peuvent échapper à la douleur ; c'eft devant de pareils témoins que l'évêque d'Orléans fouffre pendant quatre ans avec une foumiffion conftante, une foumiffion qui ne prend rien fur fa bonté, fur fa douceur à leur égard, fur fon attention pour eux, pour ce qui peut les intéreffer eux-mêmes, fur fa préfence d'efprit, fur fa gaeité même : le héros re-ligieux, le faint paroît ; l'homme doux, l'homme aimable n'a pas difparu.

Accablé de maux, prévoyant, attendant des maux plus grands encore, voit-on couler fes larmes ? l'entend-on pouffer un feul foupir ? & dans les courts intervalles que lui laiffent quel-quefois les infirmités douloureufes qui l'affli-gent, avec quelle tranquillité, avec quelle fé-rénité il reprend les affaires qu'il vient d'inter-rompre ! Les perfonnes qu'il honore de fa confiance, sont étonnées de le voir saisir d'un coup-d'œil aussi sûr, discuter avec la même sagacité, décider, régler avec la même justesse les objets d'administration les plus délicats, les plus compliqués que la douleur l'avoit obligé de suspendre : en vain l'impiété tenteroit-elle de calomnier une égalité d'ame, une patience si admirable ; en vain voudroit-elle en dénaturer le principe, en affoiblir le mérite : la religion, oui la religion elle seule a pu élever à cette hauteur de sentimens, à cette fermeté héroïque une ame tendre, une ame naturellement douce & sensible : on croit voir Job ; on croit voir Tobie plier avec respect sous le bras du Dieu tout-puissant qui l'éprouve ; on l'entend s'écrier, comme Augustin : ô mon Dieu ! frappez-moi, affligez-moi dans le tems, pour me sauver dans l'éternité : ô mon Dieu ! ajoute-t-il encore avec une reconnoissance vraiment chrétienne, vous m'avez rendu si long-tems heureux sur la terre ; je veux, avec le secours de votre grace ; je veux, par les efforts de ma piété ; je veux, par ma soumission au milieu des souffrances ; je veux mériter que vous me rendiez encore heureux dans le ciel.

Combien de fois même l'image sombre d'une mort prochaine s'est-elle tout-à-coup offerte à ses

regards ? en a-t-il jamais été troublé ? son courage s'est-il jamais démenti ? Toujours prêt à
partir à l'ordre du maître souverain qui sembloit
l'avertir de sa derniere heure , son langage n'étoit
pas le langage des regrets sur ce monde péris-
sable qu'il avoit jugé : c'étoit le langage de
l'obéissance ; c'étoit celui d'une pénitence humble
& sincere ; c'étoit celui de la ferveur ;
c'étoient les précautions salutaires de la
piété , d'une foi vive , ardente : enfin la mort
qui l'avoit menacé si souvent , vient frapper
le coup fatal. Ne craignez - pas pour l'évêque
d'Orléans la briéveté du tems que le Seigneur
lui accorde pour mettre un dernier ordre à sa
conscience : hélas ! dans deux jours nous avons
appris son danger extrême , & sa mort ; mais
dans ces deux jours , quel redoublement de ferveur ! Mais avec quelle piété , avec quelle tendre
piété invoqua-t-il , reçut-il tous les secours de
l'église , de cette mere commune des fideles qu'il
avoit toujours aimée , toujours respectée , même
au milieu des mœurs dissipées de la cour , qu'il
avoit toujours défendue , hautement vengée par
sa profession de foi courageuse , des dogmes
insensés , des blasphêmes impies de la téméraire
incrédulité ! Mais avec quelle ardeur , dans ces
derniers momens , se précipita-t-il encore dans le
bain sacré de la pénitence pour se purifier de

plus en plus, pour paroître avec plus de confiance aux yeux d'un Dieu la pureté, la fainteté même ! avec quel empreffement, d'une foif myftérieufe, s'enivra-t-il encore de ce vin de la nouvelle alliance, qu'il ne devoit plus boire que dans le royaume du Pere célefte ! avec quelle préfence d'efprit fublime, avec quels élans d'une dévotion toujours plus affectueufe & plus vraie, le vit-on, l'entendit-on répondre lui-même aux dernieres prieres qu'on récite pour le falut des mourans ! Mais, depuis quatre ans fur-tout, depuis quatre ans de fouffrances & d'expiation, chaque jour de la vie de l'évêque d'Orléans n'avoit-il pas été déja une préparation fervente à la mort?

Mes freres, que cette mort, cette trifte cérémonie, ce dénouement lugubre de toutes les grandeurs humaines doivent être pour nous-mêmes une leçon forte & touchante ! Que peuvent fervir à préfent au prélat que nous pleurons, & la faveur du maître dont il jouit fi long-tems, & les biens & les honneurs & les dignités qu'il pofféda ? Vous en êtes aujourd'hui les témoins : le tombeau engloutit tous les titres, toute la gloire mondaine : le grand, le miniftre ne font plus ; il ne refte que l'homme, l'homme & fes œuvres à juger à cet inftant décifif où le tems finit pour lui, où

l'éternité commence : le même fort nous attend
tous : nos vertus ou nos vices, nos mérites où
nos péchés feront donc un jour auffi le feul
cortége qui nous fuivra au tribunal du juge
fuprême : profitons de l'exemple de l'évêque
d'Orléans, pour mettre, il en eft tems encore,
pour mettre un terme à nos erreurs, pour ap-
paifer la juftice, & pour obtenir comme lui
la miféricorde : nous l'efpérons en effet; c'eft
dans le fein de votre miféricorde, ô mon
Dieu, qu'il aura été reçu au moment de fa
mort, notre pafteur chéri, ce pafteur fi bon,
fi doux, fi miféricordieux lui-même ! vous avez
promis la miféricorde aux hommes de miféricorde; vous avez déclaré heureux, même dès
ce monde, les hommes doux, les hommes paci-
fiques : vous avez affuré votre gloire, votre
bonheur, la gloire, le bonheur de l'éternité à
la pénitence fincere, à la pénitence conftante,
aux fouffrances, à la douleur, acceptées, fup-
portées avec réfignation, avec courage; voilà
nos titres, ô Dieu bon, pour croire dès-à-
préfent, pour nous confier dès-à-prefent au
bonheur de notre évêque : fi cependant; (car
qui peut être tout-à-fait juftifié en votre
préfence?) fi cependant il reftoit encore à cette
ame qui nous eft fi chere, quelques dettes à

acquitter, quelques fragilités à expier, nous nous hâtons de vous offrir pour sa rançon une victime d'un prix infini : achevez de laver, d'effacer ses taches dans le sang adorable de Jesus-Chrift qui va couler pour lui sur cet autel. Dieu pere, exaucez en sa faveur, exaucez votre fils augufte, *pour le refpect qu'il mérite lui-même !*

Mais, au moment où a difparu l'aftre qui avoit brillé fi long-tems fur notre horizon, un autre s'eft élevé fur nos têtes : déja, depuis quelques années, nos yeux fatisfaits jouiffoient de l'aurore de fa douce lumiere ; la providence, en nous annonçant nos pertes, nous ménageoit de loin les moyens de les réparer : au milieu du deuil qui nous afflige, paroît un confolateur qui doit tempérer l'amertume de notre douleur : à côté de la tige même que le fouffle de la mort a defféchée, fort un rameau bienfaifant qui va nous couvrir de fon ombre : la même famille fait couler, adoucit nos larmes ; elle nous rend l'évêque que nous pleurons : en mourant, notre pafteur s'eft remplacé par un autre lui-même, par l'héritier de fon nom, par l'imitateur de fes vertus.

Saint Ambroife, en finiffant l'éloge du grand Théodore, adreffoit ces paroles au peuple de

Milan : *solvite filiis ejus quod debetis patri :*
reconnoissez dans les enfans les obligations que
vous avez au pere. Qu'il me soit permis de
vous dire en terminant l'éloge de l'évêque
d'Orléans ; payez au Neveu ce que vous devez
à l'Oncle ; *solvite NEPOTI quod debetis AVUN-
CULO :* acquittez vos obligations à celui-ci par
vos sentimens pour celui-là : vous retrouverez
dans l'un le tendre pasteur que vous avez perdu
dans l'autre : la bonté, la douceur du Neveu
vous retracera la bonté, la douceur de l'Oncle :
le bonheur que vous avez goûté sous l'empire
du premier, est un sûr présage du bonheur qui
vous attend sous les loix du second. Pasteur
aimable, troupeau fidele, heureux long-tems,
je l'espere, l'un par l'autre ici-bas, puissiez-vous
encore vous réunir un jour pour être ensemble
heureux dans le ciel ! c'est ce que je vous
souhaite au nom du Pere, du Fils, & du
Saint-Esprit. Ainsi soit-il.

NOTES.

(1) CETTE maison est effectivement une des plus an-
ciennes de la Provence. Elle y étoit connue dès le onzieme siecle : on trouve son nom sur la liste des gen-

tilshommes qui fuivirent le comte de Provence à la Terre-Sainte fous le regne de Philippe premier ; il y a eu de cette famille un abbé de S. Benigne de Dijon en 1105, qui fir élever dans l'églife de l'Abbaye un tombeau à fon pere, furnommé le bon *Jarento* : celui-ci avoit été gouverneur de Hugues II, duc de Bourgogne, de la premiere race des ducs de Bourgogne. La maifon de Jarente étoit partagée en deux branches principales, celle des marquis de Senas, & celle des feigneurs de la Bruyere : c'eft de cette derniere qu'étoit l'évêque d'Orléans, mort en 1788. MM. de Jarente ont poffédé pendant 400 ans la baronnie de Senas, érigée en marquifat par Louis XIII. Le pere de Mgr. l'évêque d'Orléans actuel en a été le dernier poffeffeur.

La maifon de Jarente s'eft alliée, par un mariage, avec la maifon fouveraine de Baux, dans la perfonne de Catherine de Baux, en 1249. . . . . . .

On connoît beaucoup d'évêques de cette famille, entr'autres, Thomas de Jarente, évêque de Graffe en 1382 ; Balthafar de Jarente, évêque de Vence en 1531, puis de St. Flour, enfuite archévêque d'Embrun ; Nicolas de Jarente, évêque de Vence en 1541. . . . .

Cette famille n'a pas moins brillé dans la robe. On diftingue dans cette carriere en 1390 & fuivantes, Guigonet-Jarente, feigneur de Mont-Clar, appellé l'oracle, le défenfeur de la province, un des hommes les plus éloquens de fon tems, qui avoit été fait *maître rational*, (premier préfident de la chambre des comptes) par Jeanne de Naples, comteffe de Provence. Vers le milieu du quinzieme fiecle, Jean de Jarente, chancelier du bon Roi René, comte de Provence, & après, de son successeur & neveu Charles d'Anjou, troisieme du nom; Claude de Jarente, conseiller au parlement d'Aix en 1515; Balthasar de Jarente, archevêque d'Embrun, dont nous parlions tout-à-l'heure, premier président de la chambre des comptes d'Aix, sous François premier; François de Jarente, premier président de la même cour souveraine, dans le même siecle.

Dans les négociations, dans les ambassades, ont paru avec éclat Balthasar de Jarente, François de Jarente, Jean de Jarente, tous trois déja nommés.... Lantelme de Jarente, surnommé le Grand, qui parla au nom de sa province avec une franchise noble & respectueuse à la Reine Jeanne en 1352, pour la supplier de ne plus aliéner les domaines de ses états.

Il est impossible de compter les chevaliers de Malte de cette maison.

(2) M. l'évêque d'Orléans justifia d'onze degrés de noblesse bien établis, quand il fut reçu commandeur de l'ordre du Saint-Esprit.

(3) Les états de Provence demanderent dans le seizieme siecle le chapeau de cardinal au pape pour Nicolas de Jarente, évêque de Vence, qui avoit rendu les plus grands services à sa patrie; la mort l'empêcha de jouir de cette faveur qu'il avoit si bien méritée. Il est remarquable que le chapeau de cardinal ait deux fois échappé à cette maison, par la mort de l'un, & par le refus modeste de l'autre.

(4) L'évêque d'Orléans avoit pour freres & sœur, Fouquet Marquis de Jarente, maire de la ville de Marseille pendant six ans, qui ne voulut jamais, quel-

ques inflances que lui fit l'évêque d'Orléans , quitter fa mere , fa patrie, pour profiter d'un établiffement diftingué à la cour , que fon frere lui propofoit de la part du Roi Louis XV ;

L'Abbé d'Aifnay, aftuellement vivant , qui a refufé l'épifcopat, & s'eft contenté de l'Abbaye d'Aifnay , fur le revenu de laquelle un de fes freres avoit une penfion confidérable ;

Jofeph de Jarente , chanoine de la *Major* de Marfeille , & prévôt de Pignan , qui envoya la démiffion de ce dernier bénéfice à l'évêque d'Orléans , fe trouvant affez riche de la penfion qu'il avoit fur l'Abbaye d'Aifnay , mort à Meung-fur-Loire , & enterré dans la collégiale de cette ville ;

François , commandeur ide l'ordre de Malte , mort à Marfeille , après avoir mené la vie la plus réguliere & la plus édifiante ;

Auguftin , auffi commandeur de Malte.

Henri , Chevalier de Malte.

La ducheffe Fortia de Piles , morte à Marfeille , connue , eftimée, refpeétée dans ce diocèfe où elle avoit paffé quelque tems chez fon frere , l'évêque d'Orléans : il régnoit la plus grande union entre tous les membres de cette illuftre famille. Après la mort de leur pere commun, Fouquet , marquis de Jarente , l'aîné de tous, devint comme le point de ralliement de toute la famille ; tous le refpeétoient, l'honoroient comme un pere ; c'étoit le tableau des mœurs patriarchales.

Quand Jofeph de Jarente envoya à fon frere , qui avoit alors la feuille des bénéfices , la démiffion de fa prévôté de Pignan , le Roi , étonné d'une modération fi rare , dit à l'évêque d'Orléans : *Il faut convenir que dans votre famille on est d'un caractere bien modéré.*

Terminons l'hommage que les circonstances nous font rendre à une famille plus modeste encore que qualifiée , par l'éloge de Dominique de Jarente de Cabanes de la Bruyere , oncle de l'évêque d'Orléans, Louis-Sextius de Jarente de la Bruyere. Il est mort au mois de janvier 1765 , âgé de 70 ans & quelques mois ; il étoit né à Avignon ; il a été chevalier de Malte , commandant des troupes du Pape à Avignon : après avoir été pendant longues années le charme des sociétés par-tout où il a vécu , à Avignon , à Rome. . . . Il a renoncé courageusement au monde , à ses honneurs , à ses plaisirs , pour se consacrer à Dieu dans la solitude , à Casamarre , près de Naples , dans une abbaye de religieux de l'étroite observance de Citeaux , dont la regle est aussi sévere que celle de la Trappe : il y est mort en odeur de sainteté après onze ans de religion. Sa vie a été composée en Italien par l'Abbé supérieur de cette abbaye , qui l'a dédiée à Emmanuel Pinto , grand - maître de Malte. C'est sûrement à ce chevalier de Cabannes qu'est supposée adressée la lettre de Clément XIV , alors cardinal, dans la collection donnée au public par M. Caraccioli.

Ces notices sont tirées des différentes Histoires de Provence , composées par Nostradamus, Gauffredi , & M. l'abbé Papon.

La derniere note a été prise dans la vie même de Dominique de Jarente.

E R R A T A.

Page 20 , *ligne* 9 , voudroient , *lisez* voudroit ; *page* 50 *ligne* 8 , exécuter , *lisez* excuser ; *idem* , *ligne* 17 , gacité , *lis.* gaieté , *page* 55 , *ligne derniere* , Théodose , *isez* Théodore ; *p.* 59 , *l.* 17 , ide, *l.* de.